die Schule - школа 2
die Reise - подорож 5
der Transport - транспорт 8
die Stadt - місто 10
die Landschaft - ландшафт 14
das Restaurant - ресторан 17
der Supermarkt - супермаркет 20
die Getränke - напої 22
das Essen - їжа 23
der Bauernhof - ферма 27
das Haus - дім 31
das Wohnzimmer - вітальня 33
die Küche - кухня 35
das Badezimmer - ванна кімната 38
das Kinderzimmer - дитяча кімната 42
die Kleidung - одяг 44
das Büro - офіс 49
die Wirtschaft - економіка 51
die Berufe - професії 53
die Werkzeuge - інструменти 56
die Musikinstrumente - музичні інструменти 57
der Zoo - зоопарк 59
der Sport - спорт 62
die Aktivitäten - дії 63
die Familie - сім'я 67
der Körper - тіло 68
das Spital - лікарня 72
der Notfall - аварійний випадок 76
die Erde - Земля 77
die Uhr - годинник 79
die Woche - тиждень 80
das Jahr - рік 81
die Formen - форми 83
die Farben - фарби 84
die Gegenteile - протилежності 85
die Zahlen - числа 88
die Sprachen - мови 90
wer / was / wie - хто / що / як 91
wo - де 92

Impressum
Verlag: BABADADA GmbH, Nedderfeld 112 , 22529 Hamburg
Geschäftsführer / Verlagsleitung: Harald Hof
Druck: Books on Demand GmbH, In de Tarpen 42, 22848 Norderstedt

Imprint
Publisher: BABADADA GmbH, Nedderfeld 112 , 22529 Hamburg, Germany
Managing Director / Publishing direction: Harald Hof
Print: Books on Demand GmbH, In de Tarpen 42, 22848 Norderstedt, Germany

die Schule

школа

das Klassenzimmer
класна кімната

dividieren
ділити

186/2

der Schulhof
шкільний двір

die Tafel
дошка

der Lehrer
вчитель

das Papier
папір

schreiben
писати

der Stift
ручка

der Schreibtisch
письмовий стіл

das Lineal
лінійка

das Buch
книга

die Schüler
учень

die Schultasche

ранець

die Federmappe

пенал

der Bleistift

олівець

der Bleistiftspitzer

точило

der Radierer

гумка

der Zeichenblock

альбом для малювання

die Zeichnung

малюнок

der Pinsel

пензель

der Malkasten

коробка фарб

die Schere

ножиці

der Klebstoff

клей

das Übungsheft

зошит

die Hausübung

домашнє завдання

die Zahl

число

addieren

додавати

subtrahieren

віднімати

multiplizieren

множити

rechnen

рахувати

der Buchstabe

літера

das Alphabet

абетка

das Wort

слово

der Text

текст

lesen

читати

die Kreide

крейда

die Unterrichtsstunde

година

das Klassenbuch

класний журнал

die Prüfung

екзамен

das Zeugnis

диплом

die Schuluniform

шкільна форма

die Ausbildung

освіта

das Lexikon

лексикон

die Universität

університет

das Mikroskop

мікроскоп

die Karte

карта

der Papierkorb

кошик для паперу

das Hotel
готель

die Jugendherberge
турбаза

die Wechselstube
обмінний пункт

der Koffer
валіза

das Auto
автомобіль

die Sprache

мова

ja / nein

так / ні

Okay

добре

Hallo

привіт

die Dolmetscherin

перекладач

Danke

дякую

Wie viel kostet …?

Скільки коштує …?

Ich verstehe nicht.

Я не розумію

das Problem

проблема

Guten Abend!

Добрий вечір!

Guten Morgen!

Доброго ранку!

Gute Nacht!

На добраніч!

Auf Wiederschaun!

До побачення

die Richtung

напрямок

das Gepäck

багаж

die Tasche

сумка

der Rucksack

рюкзак

der Gast

гість

das Zimmer

кімната

der Schlafsack

спальний мішок

das Zelt

намет

die Reise - подорож

die Touristeninformation

туристична інформація

der Strand

пляж

die Kreditkarte

кредитна картка

das Frühstück

сніданок

das Mittagessen

обід

das Abendessen

вечеря

die Fahrkarte

квиток

der Lift

ліфт

die Briefmarke

поштова марка

die Grenze

межа

der Zoll

митниця

die Botschaft

посольство

das Visum

віза

der Pass

паспорт

die Reise - подорож

der Transport
транспорт

das Flugzeug
літак

das Schiff
корабель

das Feuerwehrauto
пожежна машина

der Bus
автобус

der Lastwagen
вантажний автомобіль

das Motorboot
моторний човен

das Fahrrad
велосипед

das Auto
автомобіль

die Fähre

пором

das Boot

човен

das Motorrad

мотоцикл

das Polizeiauto

поліцейська машина

das Rennauto

гоночний автомобіль

der Mietwagen

автомобіль на прокат

das Carsharing

спільне користування авто

der Abschleppwagen

евакуатор

der Müllwagen

сміттєвоз

der Motor

двигун

der Kraftstoff

паливо

die Tankstelle

автозаправна станція

das Verkehrsschild

дорожній знак

der Verkehr

рух

der Stau

затор

der Parkplatz

стоянка

der Bahnhof

вокзал

die Schienen

рейки

der Zug

потяг

die Straßenbahn

трамвай

der Wagon

вагон

der Hubschrauber

гелікоптер

der Flughafen

аеропорт

der Tower

вежа

der Passagier

пасажир

der Container

контейнер

der Karton

коробка

der Rollwagen

візок

der Korb

кошик

starten / landen

стартувати / приземлятися

die Stadt

місто

das Dorf

село

das Stadtzentrum

центр міста

das Haus

дім

das Kino
кіно

die Werbung
реклама

die Straßenlaterne
вуличний ліхтар

die Straße
вулиця

das Taxi
таксі

der Kiosk
кіоск

der Fußgänger
пішохід

der Gehsteig
тротуар

der Zebrastreifen
пішохідний перехід

die Mülltonne
сміттєве відро

die Kreuzung
перехрестя

die Ampel
світлофор

die Hütte

хатина

die Wohnung

квартира

der Bahnhof

вокзал

das Rathaus

ратуша

das Museum

музей

die Schule

школа

die Universität

університет

die Bank

банк

das Spital

лікарня

das Hotel

готель

die Apotheke

аптека

das Büro

офіс

die Buchhandlung

книжковий магазин

das Geschäft

магазин

der Blumenladen

квітковий магазин

der Supermarkt

супермаркет

der Markt

ринок

das Kaufhaus

універмаг

der Fischhändler

торговець рибою

das Einkaufszentrum

торговельний центр

der Hafen

гавань

der Park

парк

die Bank

лава

die Brücke

міст

die Stiege

сходи

die U-Bahn

метро

der Tunnel

тунель

die Bushaltestelle

автобусна зупинка

die Bar

бар

das Restaurant

ресторан

der Briefkasten

поштова скринька

das Straßenschild

вулична табличка

die Parkuhr

лічильник паркування

der Zoo

зоопарк

die Badeanstalt

басейн

die Moschee

мечеть

der Bauernhof

ферма

die Umweltverschmutzung

забруднення навколишнього середовища

der Friedhof

кладовище

die Kirche

церква

der Spielplatz

дитячий майданчик

der Tempel

храм

die Landschaft
ландшафт

das Blatt
листок

der Wegweiser
вказівний стовп

der Weg
шлях

die Wiese
луг

der Stein
камінь

der Baum
дерево

der Wanderer
мандрівник

der Fluss
річка

das Gras
трава

die Blume
квітка

das Tal

долина

der Hügel

гора

der See

озеро

der Wald

ліс

die Wüste

пустеля

der Vulkan

вулкан

das Schloss

замок

der Regenbogen

веселка

der Pilz

гриб

die Palme

пальма

der Moskito

комар

die Fliege

муха

die Ameise

мурашка

die Biene

бджола

die Spinne

павук

die Landschaft - ландшафт

der Käfer

жук

der Frosch

жаба

das Eichhörnchen

вивірка

der Igel

їжак

der Hase

заєць

die Eule

сова

die Vogel

птах

der Schwan

лебідь

das Wildschwein

кабан

der Hirsch

олень

der Elch

лось

der Staudamm

гребля

das Windrad

вітряк

das Solarmodul

сонячний модуль

das Klima

клімат

die Landschaft - ландшафт

der Kellner
офіціант

die Speisekarte
меню

der Sessel
стілець

die Suppe
суп

die Pizza
піца

das Besteck
столові прилади

die Tischdecke
скатертина

die Vorspeise

закуска

das Hauptgericht

друга страва

die Nachspeise

десерт

die Getränke

напої

das Essen

їжа

die Flasche

пляшка

das Fastfood

фаст-фуд

das Streetfood

вулична їжа

die Teekanne

чайник

die Zuckerdose

цукорниця

die Portion

порція

die Espressomaschine

еспресо-машина

der Kinderstuhl

високий стільчик

die Rechnung

рахунок

das Tablett

піднос

das Messer

ніж

die Gabel

вилка

der Löffel

ложка

der Teelöffel

чайна ложка

die Serviette

серветка

das Glas

склянка

der Teller

тарілка

der Suppenteller

тарілка для супу

die Untertasse

блюдце

die Sauce

соус

der Salzstreuer

солонка

die Pfeffermühle

млин для перцю

der Essig

оцет

das Öl

масло

die Gewürze

спеції

das Ketchup

кетчуп

der Senf

гірчиця

die Mayonnaise

майонез

das Angebot
пропозиція

der Kunde
клієнт

die Milchprodukte
молочні продукти

das Obst
фрукти

der Einkaufswagen
візок для покупок

die Schlachterei

м'ясний магазин

die Bäckerei

пекарня

wiegen

зважувати

das Gemüse

овочі

das Fleisch

м'ясо

die Tiefkühlkost

заморожені продукти

der Aufschnitt

ковбасна нарізка

die Konserven

консерви

das Waschmittel

пральний порошок

die Süßigkeiten

солодощи

die Haushaltsartikel

предмети домашнього побуту

das Reinigungsmittel

мийний засіб

die Verkäuferin

продавщиця

die Kassa

каса

die Kassiererin

касир

die Einkaufsliste

список покупок

die Öffnungszeiten

часи роботи

die Brieftasche

гаманець

die Kreditkarte

кредитна картка

die Tasche

сумка

die Plastiktüte

поліетиленовий пакет

das Wasser

вода

der Saft

сік

die Milch

молоко

die Cola

кола

der Wein

вино

das Bier

пиво

der Alkohol

алкоголь

der Kakao

какао

der Tee

чай

der Kaffee

кава

der Espresso

еспресо

der Cappuccino

капучіно

die Banane

банан

der Apfel

яблуко

die Orange

апельсин

die Melone

кавун

die Zitrone

лимон

die Karotte

морква

der Knoblauch

часник

der Bambus

бамбук

die Zwiebel

цибуля

der Pilz

гриб

die Nüsse

горішки

die Nudeln

локшина

die Spaghetti

спагеті

der Reis

рис

der Salat

салат

die Pommes frites

картопля фрі

die Bratkartoffeln

смажена картопля

die Pizza

піца

der Hamburger

гамбургер

das Sandwich

бутерброд

das Schnitzel

шніцель

der Schinken

шинка

die Salami

салямі

die Wurst

ковбаса

das Huhn

курка

der Braten

печеня

der Fisch

риба

das Essen - їжа

die Haferflocken

вівсяні пластівці

das Müsli

мюслі

die Cornflakes

кукурудзяні пластівці

das Mehl

борошно

das Croissant

круасан

die Semmel

булочка

das Brot

хліб

der Toast

тостовий хліб

die Kekse

печиво

die Butter

масло

der Topfen

сир

der Kuchen

пиріг

das Ei

яйце

das Spiegelei

яєчня

der Käse

сир

die Eiscreme

морозиво

der Zucker

цукор

der Honig

мед

die Marmelade

мармелад

der Schokoladenaufstrich

нуга-крем

das Curry

карі

das Bauernhaus
сільський будинок

der Strohballen
солом'яні тюки

die Scheune
комора

das Feld
поле

das Pferd
кінь

der Anhänger
причіп

das Fohlen
лоша

der Traktor
трактор

der Esel
віслюк

das Lamm
ягня

das Schaf
вівця

die Ziege

коза

die Kuh

корова

das Kalb

теля

das Schwein

свиня

das Ferkel

порося

der Stier

бик

die Gans
гусак

die Ente
качка

das Küken
курча

das Huhn
курка

der Hahn
півень

die Ratte
щур

die Katze
кіт

die Maus
миша

der Ochse
віл

der Hund
собака

die Hundehütte
собача будка

der Gartenschlauch
садовий шланг

die Gießkanne
лійка

die Sense
коса

der Pflug
плуг

der Bauernhof - ферма

die Sichel

серп

die Hacke

мотика

die Mistgabel

вила

die Axt

сокира

die Schubkarre

тачка

der Trog

корито

die Milchkanne

бідон молока

der Sack

мішок

der Zaun

паркан

der Stall

хлів

das Treibhaus

теплиця

der Boden

ґрунт

die Saat

насіння

der Dünger

добриво

der Mähdrescher

комбайн

ernten

пожинати

die Ernte

урожай

die Yamswurzel

корінь ямсу

der Weizen

пшениця

das Soja

соя

der Erdapfel

картопля

der Mais

кукурудза

der Raps

ріпак

der Obstbaum

плодове дерево

der Maniok

маніок

das Getreide

злаки

der Schornstein
димохід

das Dach
дах

die Regenrinne
водостічний лоток

das Fenster
вікно

die Garage
гараж

die Klingel
дзвінок

die Tür
двері

der Abfallkübel
відро для сміття

der Briefkasten
поштова скринька

der Garten
сад

das Wohnzimmer

вітальня

das Badezimmer

ванна кімната

die Küche

кухня

das Schlafzimmer

спальня

das Kinderzimmer

дитяча кімната

das Esszimmer

їдальня

der Boden

підлога

die Wand

стіна

die Decke

стеля

der Keller

підвал

die Sauna

сауна

der Balkon

балкон

die Terrasse

тераса

das Schwimmbad

басейн

der Rasenmäher

косарка

der Bettbezug

простирало

die Bettdecke

ковдра

das Bett

ліжко

der Besen

мітла

der Kübel

відро

der Schalter

перемикач

die Tapete
шпалери

die Lampe
лампа

das Bild
малюнок

das Regal
поличка

der Schrank
шафа

der Fernseher
телевізор

der Kamin
камін

die Blume
квітка

der Polster
подушка

die Vase
ваза

das Sofa
диван

die Fernbedienung
пульт

der Teppich
килим

der Vorhang
завіса

der Tisch
стіл

der Sessel
стілець

der Schaukelstuhl
крісло-гойдалка

der Sessel
крісло

das Buch

книга

die Decke

ковдра

die Dekoration

прикраса

das Feuerholz

дрова

der Film

фільм

die Stereoanlage

стереосистема

der Schlüssel

ключ

die Zeitung

газета

das Gemälde

картина

das Poster

плакат

das Radio

радіо

der Notizblock

блокнот

der Staubsauger

пилосос

der Kaktus

кактус

die Kerze

свічка

der Kühlschrank
холодильник

die Mikrowelle
мікрохвильова піч

die Küchenwaage
кухонні ваги

der Toaster
тостер

das Reinigungsmittel
мийний засіб

der Backofen
піч

das Gefrierfach
морозильне відділення

der Abfallkübel
відро для сміття

der Geschirrspüler
посудомийна машина

der Herd

плита

der Topf

горщик

der Eisentopf

чавунний горщик

der Wok / Kadai

вок / кадай

die Pfanne

сковорода

der Wasserkocher

чайник

der Dampfgarer

пароварка

das Backblech

лист

das Geschirr

посуд

der Becher

кухоль

die Schale

чаша

die Essstäbchen

палички для їжі

der Schöpflöffel

черпак

der Pfannenwender

лопатка

der Schneebesen

вінчик для збивання

das Kochsieb

сито

das Sieb

сито

die Reibe

терка

der Mörser

ступка

der Grill

барбекю

das Kaminfeuer

багаття

das Schneidebrett

дошка

das Nudelholz

качалка

der Korkenzieher

штопор

die Dose

конзерва

der Dosenöffner

відкривачка

der Topflappen

прихватки

das Waschbecken

раковина

die Bürste

щітка

der Schwamm

губка

der Mixer

міксер

die Gefriertruhe

морозильна камера

die Babyflasche

дитяча пляшка

der Wasserhahn

кран

die Küche - кухня

die Dusche
душ

die Heizung
опалення

das Handtuch
рушник

der Duschvorhang
душова завіса

das Schaumbad
піниста ванна

die Badewanne
ванна

das Glas
склянка

die Waschmaschine
пральна машина

der Wasserhahn
кран

die Fliesen
плитка

der Nachttopf
горшок

das Waschbecken
раковина

das Klo

туалет

die Hocktoilette

підлоговий туалет

das Bidet

біде

das Pissoir

пісуар

das Klopapier

туалетний папір

die Klobürste

щітка для туалету

die Zahnbürste

зубна щітка

die Zahnpasta

зубна паста

die Zahnseide

нитка для чищення зубів

waschen

мити

die Handbrause

ручний душ

die Intimdusche

інтимний душ

die Waschschüssel

таз

die Rückenbürste

щітка для спини

die Seife

мило

das Duschgel

гель для душу

das Shampoo

шампунь

der Waschlappen

мочалка

der Abfluss

водостік

die Creme

крем

das Deodorant

дезодорант

der Spiegel

дзеркало

der Kosmetikspiegel

косметичне дзеркало

der Rasierer

бритва

der Rasierschaum

піна для гоління

das Rasierwasser

лосьйон після гоління

der Kamm

гребінь

die Bürste

щітка

der Föhn

фен

das Haarspray

лак для волосся

das Makeup

косметика

der Lippenstift

губна помада

der Nagellack

лак для нігтів

die Watte

вата

die Nagelschere

ножиці для нігтів

das Parfum

парфум

das Badezimmer - ванна кімната

der Kulturbeutel

косметичка

der Hocker

табурет

die Waage

ваги

der Bademantel

халат

die Gummihandschuhe

гумові рукавички

das Tampon

тампон

die Damenbinde

гігієнічні прокладки

die Chemietoilette

біотуалет

der Wecker
будильник

das Kuscheltier
м'яка іграшка

das Spielzeugauto
іграшковий автомобіль

die Rassel
брязкальце

das Puppenhaus
ляльковий будиночок

das Geschenk
подарунок

der Ballon

повітряна кулька

das Bett

ліжко

der Kinderwagen

дитячий візок

das Kartenspiel

картярська гра

das Puzzle

пазл

der Comic

комікс

die Legosteine

лего цеглинки

die Bausteine

блоки

die Actionfigur

іграшкова фігурка

der Strampelanzug

повзунки

das Frisbee

фризбі

das Mobile

мобіле

das Brettspiel

настільна гра

der Würfel

кубик

die Modelleisenbahn

модель залізнична станція

der Schnuller

соска

die Party

вечірка

das Bilderbuch

книжка з картинками

der Ball

м'яч

die Puppe

лялька

spielen

грати

der Sandkasten

пісочниця

die Schaukel

гойдалка

das Spielzeug

іграшка

die Spielkonsole

гральна консоль

das Dreirad

триколісний велосипед

der Teddy

плюшевий мішка

der Kleiderschrank

шафа

die Kleidung

одяг

die Socken

шкарпетки

die Strümpfe

панчохи

die Strumpfhose

колготки

der Schal
шарф

der Regenschirm
парасоля

das T-Shirt
футболка

der Gürtel
ремінь

die Stiefel
чоботи

die Hausschuhe
домашнє взуття

die Turnschuhe
кросівки

die Sandalen

сандалі

die Schuhe

взуття

die Gummistiefel

гумові чоботи

die Unterhose

труси

der Büstenhalter

бюстгальтер

das Unterhemd

нижня сорочка

der Body

боді

die Hose

штани

die Jeans

джинси

der Rock

спідниця

die Bluse

блузка

das Hemd

сорочка

der Pullover

пуловер

der Kapuzenpullover

светр

der Blazer

піджак

die Jacke

куртка

der Mantel

пальто

der Regenmantel

дощовик

das Kostüm

костюм

das Kleid

сукня

das Hochzeitskleid

весільна сукня

der Anzug

костюм

das Nachthemd

нічна сорочка

der Pyjama

піжама

der Sari

сарі

das Kopftuch

головна хустка

der Turban

чалма

die Burka

бурка

der Kaftan

кафтан

die Abaya

абая

der Badeanzug

купальник

die Badehose

плавки

die kurze Hose

шорти

der Jogginganzug

тренувальний костюм

die Schürze

фартух

die Handschuhe

рукавички

der Knopf

гудзик

die Brille

окуляри

das Armband

браслет

die Halskette

ланцюг

der Ring

кільце

der Ohrring

сережка

die Mütze

шапка

der Kleiderbügel

плічка

der Hut

капелюх

die Krawatte

краватка

der Reißverschluss

застібка-блискавка

der Helm

шолом

der Hosenträger

підтяжки

die Schuluniform

шкільна форма

die Uniform

уніформа

das Lätzchen

нагрудник

der Schnuller

соска

die Windel

підгузок

das Büro

офіс

der Server
сервер

der Aktenschrank
шаф для документів

der Drucker
принтер

der Monitor
монітор

das Papier
папір

die Maus
миша

der Schreibtisch
письмовий стіл

der Ordner
папка

die Tastatur
синтезатор

der Papierkorb
кошик для паперу

der Computer
комп'ютер

der Sessel
стілець

der Kaffeebecher

кавовий кухоль

der Taschenrechner

калькулятор

das Internet

інтернет

der Laptop

ноутбук

der Brief

лист

die Nachricht

повідомлення

das Handy

мобільний телефон

das Netzwerk

мережа

der Kopierer

копіювальний пристрій

die Software

програмне забезпечення

das Telefon

телефон

die Steckdose

розетка

das Fax

факс

das Formular

бланк

das Dokument

документ

kaufen

купувати

bezahlen

платити

handeln

торгувати

das Geld

гроші

der Dollar

долар

der Euro

євро

der Yen

ієна

der Rubel

рубль

der Franken

франк

der Renminbi Yuan

юанів женьміньбі

die Rupie

рупія

der Bankomat

банкомат

die Wechselstube

обмінний пункт

das Gold

золото

das Silber

срібло

das Öl

нафта

die Energie

енергія

der Preis

ціна

der Vertrag

контракт

die Steuer

податок

die Aktie

акція

arbeiten

працювати

der Angestellte

працівник

der Arbeitgeber

роботодавець

die Fabrik

фабрика

das Geschäft

магазин

der Polizist
поліцейський

der Feuerwehrmann
пожежник

der Koch
повар

die Ärztin
лікар

der Pilot
пілот

der Gärtner

садівник

der Tischler

столяр

die Schneiderin

швачка

der Richter

суддя

die Chemikerin

хімік

der Schauspieler

актор

der Busfahrer

водій автобуса

der Taxifahrer

таксист

der Fischer

рибалка

die Putzfrau

прибиральниця

der Dachdecker

покрівельник

der Kellner

офіціант

der Jäger

мисливець

der Maler

художник

der Bäcker

пекар

der Elektriker

електрик

der Bauarbeiter

будівельник

der Ingenieur

інженер

der Schlachter

забійник

der Installateur

бляхар

die Briefträgerin

листоноша

der Soldat

солдат

der Architekt

архітектор

die Kassiererin

касир

die Blumenhändlerin

флорист

der Friseur

перукар

der Schaffner

кондуктор

der Mechaniker

механік

der Kapitän

капітан

die Zahnärztin

дантист

der Wissenschaftler

вчений

der Rabbi

рабин

der Imam

імам

der Mönch

монах

der Pfarrer

пастор

der Hammer
молоток

die Zange
щипці

der Schraubenzieher
викрутка

der Schraubenschlüssel
гайковий ключ

die Taschenlam
кишеньковий лі

der Bagger

екскаватор

der Werkzeugkasten

ящик для інструментів

die Leiter

драбина

die Säge

пилка

die Nägel

цвяхи

der Bohrer

свердло

reparieren

ремонтувати

die Schaufel

лопата

Scheiße!

лайно!

die Kehrschaufel

совок

der Farbtopf

відро з фарбою

die Schrauben

гвинти

die Musikinstrumente
музичні інструменти

das Schlagzeug
ударна установка

der Lautsprecher
динамік

die Gitarre
гітара

der Kontrabass
контрабас

die Trompete
труба

das Klavier

фортепіано

die Violine

скрипка

der Bass

бас

die Pauke

литаври

die Trommeln

барабан

die Tastatur

клавіатура

das Saxophon

саксофон

die Flöte

флейта

das Mikrofon

мікрофон

die Musikinstrumente - музичні інструменти

der Eingang
вхід

der Tiger
тигр

der Käfig
клітка

das Zebra
зебра

das Tierfutter
корм

der Panda
панда

die Tiere

тварини

der Elefant

слон

das Känguru

кенгуру

das Nashorn

носоріг

der Gorilla

горила

der Bär

ведмідь

das Kamel

верблюд

der Strauß

страус

der Löwe

лев

der Affe

мавпа

der Flamingo

фламінго

der Papagei

папуга

der Eisbär

білий ведмідь

der Pinguin

пінгвін

der Hai

акула

der Pfau

павич

die Schlange

змія

das Krokodil

крокодил

der Zoowärter

працівник зоопарку

die Robbe

тюлень

der Jaguar

ягуар

der Zoo - зоопарк

das Pony

поні

der Leopard

леопард

das Nilpferd

гіпопотам

die Giraffe

жираф

der Adler

орел

das Wildschwein

кабан

der Fisch

риба

die Schildkröte

черепаха

das Walross

морж

der Fuchs

лисиця

die Gazelle

газель

der Zoo - зоопарк

das American Football
американський футбол

das Radfahren
їзда на велосипеді

das Tennis
теніс

der Basketball
баскетбол

das Schwimmen
плавання

das Eishockey
хокей

das Boxen
бокс

der Fußball
футбол

das Badminton
бадмінтон

die Leichtathletik
легка атлетика

der Handball
гандбол

das Skifahren
лижні перегони

das Polo
поло

springen
стрибати

umarmen
обіймати

lachen
сміятися

gehen
йти

singen
співати

träumen
мріяти

beten
молитися

küssen
цілувати

schreiben

писати

zeichnen

малювати

zeigen

показувати

drücken

тиснути

geben

давати

nehmen

брати

haben

мати

machen

робити

sein

бути

stehen

стояти

laufen

бігати

ziehen

тягнути

werfen

кидати

fallen

падати

liegen

лежати

warten

очікувати

tragen

носити

sitzen

сидіти

anziehen

одягати

schlafen

спати

aufwachen

просипатися

ansehen

дивитися

weinen

плакати

streicheln

гладити

frisieren

розчісувати

reden

розмовляти

verstehen

розуміти

fragen

питати

hören

слухати

trinken

пити

essen

їсти

zusammenräumen

прибирати

lieben

любити

kochen

варити

fahren

їхати

fliegen

літати

die Aktivitäten - дії

segeln

йти під вітрилом

rechnen

рахувати

lesen

читати

lernen

вчитися

arbeiten

працювати

heiraten

одружуватися

nähen

шити

Zähne putzen

чистити зуби

töten

убивати

rauchen

курити

senden

посилати

die Großmutter
бабуся

der Großvater
дідуся

der Vater
батько

die Mutter
мати

das Baby
немовля

die Tochter
донька

der Sohn
син

der Gast

гість

die Tante

тітка

der Onkel

дядько

der Bruder

брат

die Schwester

сестра

der Körper
тіло

die Stirn
чоло

das Auge
око

die Schulter
плече

der Finger
палець

das Gesicht
обличчя

das Kinn
підборіддя

die Hand
кисть

die Brust
груди

das Bein
нога

der Arm
рука

das Baby

немовля

der Mann

чоловік

die Frau

жінка

das Mädchen

дівчина

der Junge

хлопчик

der Kopf

голова

der Rücken

спина

der Bauch

живіт

der Nabel

пуп

der Zeh

палець ноги

die Ferse

п'ята

der Knochen

кістка

die Hüfte

стегно

das Knie

коліно

der Ellbogen

лікоть

die Nase

ніс

das Gesäß

сідниці

die Haut

шкіра

die Wange

щока

das Ohr

вухо

die Lippe

губа

der Körper - тіло

der Mund

рот

der Zahn

зуб

die Zunge

язик

das Gehirn

мозок

das Herz

серце

der Muskel

м'яз

die Lunge

легені

die Leber

печінка

der Magen

шлунок

die Nieren

нирки

der Geschlechtsverkehr

статевий акт

das Kondom

презерватив

die Eizelle

яйцеклітина

das Sperma

сперма

die Schwangerschaft

вагітність

die Menstruation

менструація

die Vagina

вагіна

der Penis

пеніс

die Augenbraue

брова

das Haar

волосся

der Hals

шия

das Spital
лікарня

das Spital
лікарня

die Rettung
машина швидкої допомоги

der Rollstuhl
інвалідний візок

der Bruch
перелом

die Ärztin

лікар

die Notaufnahme

відділення швидкої
медичної допомоги

die Krankenschwester

медсестра

der Notfall

аварійний випадок

ohnmächtig

непритомний

der Schmerz

біль

die Verletzung

травма

die Blutung

кровотеча

der Herzinfarkt

інфаркт

der Schlaganfall

інсульт

die Allergie

алергія

der Husten

кашель

das Fieber

лихоманка

die Grippe

грип

der Durchfall

пронос

die Kopfschmerzen

головна біль

der Krebs

рак

die Diabetes

діабет

der Chirurg

хірург

das Skalpell

скальпель

die Operation

операція

das CT

КТ

das Röntgen

рентген

der Ultraschall

ультразвук

die Maske

маска

die Krankheit

хвороба

das Wartezimmer

зал очікування

die Krücke

милиця

das Pflaster

пластир

der Verband

пов'язка

die Injektion

ін'єкція

das Stethoskop

стетоскоп

die Trage

ноші

das Thermometer

термометр

die Geburt

народження

das Übergewicht

надмірна вага

das Hörgerät

слуховий апарат

das Desinfektionsmittel

дезінфікуючий засіб

die Infektion

інфекція

das Virus

вірус

das HIV / AIDS

ВІЛ / СНІД

die Medizin

медицина

die Impfung

вакцинація

die Tabletten

таблетки

die Pille

протизаплідна пігулка

der Notruf

екстрений виклик

der Blutdruckmesser

тонометр

krank / gesund

хворий / здоровий

Hilfe!

Допоможіть!

der Alarm

сигнал тривоги

der Überfall

напад

der Angriff

атака

die Gefahr

небезпека

der Notausgang

аварійний вихід

Feuer!

Вогонь!

der Feuerlöscher

вогнегасник

der Unfall

аварія

der Erste-Hilfe-Koffer

аптечка

SOS

СОС

die Polizei

поліція

das Europa

Європа

das Nordamerika

Північна Америка

das Südamerika

Південна Америка

das Afrika

Африка

das Asien

Азія

das Australien

Австралія

der Atlantik

Атлантика

der Pazifik

Тихий океан

der Indische Ozean

Індійський океан

der Antarktische Ozean

Антарктичний океан

der Arktische Ozean

Північний Льодовитий
океан

der Nordpol

Північний полюс

der Südpol

Південний полюс

die Antarktis

Антарктика

die Erde

Земля

das Land

суша

das Meer

море

die Insel

острів

die Nation

нація

der Staat

держава

das Ziffernblatt

циферблат

der Stundenzeiger

годинникова стрілка

der Minutenzeiger

хвилинна стрілка

der Sekundenzeiger

секундна стрілка

Wie spät ist es?

Котра година?

der Tag

день

die Zeit

час

jetzt

зараз

die Digitaluhr

цифровий годинник

die Minute

хвилина

die Stunde

година

die Woche

тиждень

der Montag
Понеділок

der Mittwoch
Середа

der Freitag
П'ятниця

der Dienstag
Вівторок

der Donnerstag
Четвер

der Samstag
Субота

der Sonntag
Неділя

gestern

вчора

heute

сьогодні

morgen

завтра

der Morgen

ранок

der Mittag

опівдні

der Abend

вечір

die Arbeitstage

робочі дні

das Wochenende

кінець робочого тижня

der Regen
дощ

der Regenbogen
веселка

der Schnee
сніг

der Wind
вітер

der Frühling
весна

der Herbst
осінь

der Sommer
літо

der Winter
зима

4.APRIL	11°	☀
5.APRIL	4°	⛅
6.APRIL	13°	⛅
7.APRIL	8°	❄
8.APRIL	10°	☀

die Wettervorhersage

прогноз погоди

das Thermometer

термометр

der Sonnenschein

сонячне світло

die Wolke

хмара

der Nebel

туман

die Luftfeuchtigkeit

вологість повітря

der Blitz

блискавка

der Donner

грім

der Sturm

шторм

der Hagel

град

der Monsun

мусон

die Flut

повінь

das Eis

лід

der Jänner

Січень

der Februar

Лютий

der März

Березень

der April

Квітень

der Mai

Травень

der Juni

Червень

der Juli

Липень

der August

Серпень

der September

Вересень

der Oktober

Жовтень

der November

Листопад

der Dezember

Грудень

die Formen

форми

der Kreis

круг

das Quadrat

квадрат

das Rechteck

прямокутник

das Dreieck

трикутник

die Kugel

куля

der Würfel

куб

weiß

білий

gelb

жовтий

orange

помаранчевий

pink

рожевий

rot

червоний

lila

фіолетовий

blau

синій

grün

зелений

braun

коричневий

grau

сірий

schwarz

чорний

viel / wenig

багато / мало

wütend / friedlich

лютий / мирний

hübsch / hässlich

гарний / бридкий

der Anfang / das Ende

початок / кінець

groß / klein

великий / малий

hell / dunkel

світлий / темний

der Bruder / die Schwester

брат / сестра

sauber / schmutzig

чистий / брудний

vollständig / unvollständig

завершений / незавершений

der Tag / die Nacht

день / ніч

tot / lebendig

мертвий / живий

breit / schmal

широкий / вузький

genießbar / ungenießbar

їстівний / неїстівний

böse / freundlich

злий / дружній

aufgeregt / gelangweilt

збуджений / нудьгуючий

dick / dünn

товстий / тонкий

zuerst / zuletzt

спочатку / востаннє

der Freund / der Feind

друг / ворог

voll / leer

повний / порожній

hart / weich

жорсткий / м'який

schwer / leicht

важкий / легкий

der Hunger / der Durst

голод / спрага

krank / gesund

хворий / здоровий

illegal / legal

незаконний / законний

gescheit / dumm

розумний / дурний

links / rechts

вліво / вправо

nah / fern

поруч / далеко

neu / gebraucht

новий / використаний

nichts / etwas

нічого / щось

alt / jung

старий / молодий

an / aus

вкл / викл

offen / geschlossen

відкрито / закрито

leise / laut

тихо / гучно

reich / arm

багатий / бідний

richtig / falsch

правильно / неправильно

rau / glatt

шорсткий / гладкий

traurig / glücklich

сумний / щасливий

kurz / lang

короткий / довгий

langsam / schnell

повільно / швидко

nass / trocken

вологий / сухий

warm / kühl

гарячий / холодний

der Krieg / der Frieden

війна / мир

die Gegenteile - протилежності

0

null

нуль

1

eins

один

2

zwei

два

3

drei

три

4

vier

чотири

5

fünf

п'ять

6

sechs

шість

7

sieben

сім

8

acht

вісім

9

neun

дев'ять

10

zehn

десять

11

elf

одинадцять

12
zwölf

дванадцять

13
dreizehn

тринадцять

14
vierzehn

чотирнадцять

15
fünfzehn

п'ятнадцять

16
sechzehn

шістнадцять

17
siebzehn

сімнадцять

18
achtzehn

вісімнадцять

19
neunzehn

дев'ятнадцять

20
zwanzig

двадцять

100
hundert

сто

1.000
tausend

тисяча

1.000.000
Million

мільйон

die Zahlen - числа

die Sprachen

Englisch

англійська

Amerikanisches Englisch

американська англійська

Chinesisch (Mandarin)

китайська
високочиновницька

Hindi

хінді

Spanisch

іспанська

Französisch

французька

Arabisch

арабська

Russisch

російська

Portugiesisch

португальська

Bengalisch

бенгальська

Deutsch

німецька

Japanisch

японська

ich

я

du

ти

er / sie / es

він / вона / воно

wir

ми

ihr

ви

sie

вони

Wer?

хто?

Was?

що?

Wie?

як?

Wo?

де?

Wann?

коли?

Name

ім'я

hinter

ззаду

in

в

vor

перед

über

над

auf

на

unter

під

neben

біля

zwischen

між

der Ort

місце